봄의 왈츠

국립중앙도서관 출판예정도서목록(CIP)

봄의 왈츠 : 류현 시집 / 지은이: 류현. -- 대전 : 지혜 : 애지, 2016
p. ; cm

ISBN 979-11-5728-185-5 03810 : ₩10000

한국 현대시[韓國現代詩]

811.7-KDC6
895.715-DDC23 CIP2016012367

J.H CLASSIC 005

봄의 왈츠

류 현

지혜

시인의 말

詩의 물맛에 반한 연어처럼 어느새 거센 물살 헤치고 솟구치며 강물을 거스르고 있었다.

이제는 마지막 물길을 제치고 솟구쳐 올라야 한다. 남은 불꽃이 소멸되기 전에.

도움을 주신 모든 분들에게 감사드린다.

2016년 봄
류현柳鉉

축하의 말

1973년대 어느 따스한 봄날
봉황이 앉은 벽오동 한 그루
가슴 깊이 심고 살아 온지 반평생

공직으로 한길만 걷다가
어느 날 문득
문학의 정수리인 詩문학의 길을
찾아 나선 당신!

항상 강인한 청춘의 삶이요
정신적으로 배움에 목말라하던 삶 그 자체가
참으로, 장하고 멋지고
자랑스럽습니다.

이제 喜壽를 맞이한 당신이 가고 있는
시인의 길과 음악인생을 쉼없이 정진하여
연어처럼 마지막 물살을 가르고
솟구쳐 오르기를 기도 합니다.

詩集『봄의 왈츠!』上梓를 진심으로 축하드리며
文運이 衝天하시고 그 筆名이 온 누리에
길이길이 빛나시기를 기도합니다.

사랑합니다.

2016년 5월 봄 어느 날에
임 상경 드림

차례

1부 곡선

2부 무현금을 연주하다

3부 청보리빛 사랑의 노래

4부 있다, 없다

5부 흙으로 돌아가리

• 일러두기
한 연이 첫 번째 행에서 시작될 때는 > 로 표시합니다.

1부

곡선

곡선

곡선은 신이 선물한 선
아득한 수평선과 지평선도 직선 같은 곡선
자전과 공전도 둥글둥글 돌아가는 것

곡선은 지구촌 건각들을 모아
한바탕 축제를 벌이게도 하지

때로는
사랑의 굴렁쇠를 만들어 사랑을 굴리기도
성화같은 사랑의 불길
가슴에 활활 타오르기도 하지

바람은 바람결에 곡선이 흐르고
구름도 달빛도 바람 길을 따라 흐르지

대지 위의 풀잎들은
나를 안아 주겠다고 둥글게 팔락이지

'사랑은 곡선입니다'*
사랑은 삶의 한 가운데로 흐르는

곡선에서 만나고 헤어지는 것

선과 선이 만나 깍지를 끼고
바람을 지워 가는
우리들의 삶은 곡선이지

* 정호승, 『내 인생에 힘이 되어 준 한 마디』 중에서.

다락골 성지聖地

산비탈 다닥다닥 다랑이 논
다락같은 심심산골
성지 가는 길

내 가슴을 헤치고 빛이 지나가네

다락같이 높은 뜻
배낭 하나 짊어지고
걸어 가보고 싶기도 했다

구름 사이 무지개 사다리 타고
천국으로 가는 길
다닥다닥 정답게 사랑이 붙어 있는 길

휘움 휘움 휘어진 오솔길 따라
한 구비 넘으면 한 줄
또 한 구비 돌면 두 줄
마지막 고개 넘으면 세 줄 무덤

세상의 이름 다 버린 서른일곱 분의 영혼

정답게 줄지어

하늘나라를 가고 있었지

세월 가는 소리

워낭소리에 감겨
덜커덕 덜커덕
온몸 흔들리며 달구지에
올라앉은 세월

몸 흔들릴 때 마다
내 가슴은 통증 없는
소리만으로 가득 차네

세종世宗은 세월 가는 소리
들을 새도 없어
그림자로 가늠했지

퉁명스러운 괘종시계 소리
밝고 경쾌한 전자시계 소리

세월 가는 소리도 세월에 따라
느리고 빠르고 경쾌하게
달려가는 구나

>

산모産母의
고통과 희열에 찬 소리
산중山中에서
고요를 깨우는 범종소리
상喪두꾼들의
구슬픈 상엿소리

알게 모르게 저 소리들에 실려
세월은 흘러가고 있는 것이지

봄의 왈츠

바람에 흔들거리는
나뭇가지의 기침소리
이제 막 눈 뜬 대지가 기지개 켜는 소리

마른 풀잎 일어서고 파란 풀잎 뛰어 오를 때
하늘의 빛들이 내려와 봄의 왈츠를 시작하네

봄비가 구름 틈 비집고 내려오는 소리
대지가 녹으며 스르르 무너지는 소리

땅바닥을 뚫고 하늘을 보고
함박웃음을 터트리는 소리

초록의 새싹들이 아지랑이 향해
저마다 뿜어내는 춘곤의 하품 소리

연녹색 고운 속옷 갈아입는 소리
가지마다 어린 것 순산하는 소리

나무의 물관을 타고 오르락내리락

소리 따라 오고
소리 따라 흩어지는 봄

오솔길

지지리도 가난의 궁상을 떨었던
고향이 싫어 떠난 그 오솔길

질기게 뿌리박고 살아온 질경이
바람에 휘몰리고 수많은 발길에 짓밟히면서도
단단히 뿌리박고 살아오고 있네

인고의 세월을 그렇게 살아가는 것이
참 삶이라는 것을
내 푸른 핏줄이 요동칠 때는 몰랐지

그리움의 기적소리가 깔린
옛길 가뭇없이 사라지기도 했지만

조용히 나를 기다려 준 오솔길
바람 따라 흘러가는 나그네들
발자국이라도 남기고 가라하지

질경이와 함께 변함없이 그 자리를 지키고 있는데
고향 떠난 철새는 언제 돌아올까

내 기다림의 시간처럼 긴긴 오솔길

폭우

산이 통째로 굴러와
우면동 전원마을 거실을 점령했다

범람은
마구 베는 칼바람
내 가슴도 자르고 있네

차가운 비 가슴 파고들어
심장을 뚫고 넘쳐흘러
돌아가는 피돌기를 멈추게 하네

응급실에 던져진, 그곳에는
온통 칼바람에 베이고 상처 난 얼굴들

물이 칼이 되면
사람과 집 나무와 흙 가리지 않고
사정없이 한 칼에 베어버리니

우면산 하나쯤은
통째로 베어버리지

>

쇠칼보다 무서운 폭우의
칼바람이 춤을 추면
시간은 속절없이 붙잡히고 말지

틈새

암벽 틈에서 소나무가 자라고
에델바이스도 피어나지

그곳이 생명줄이고 삶의 터전이면서
생명을 낳고
기르는 곳이기도 하지

사람들은 틈새가 생기면
관심도 두지 않고
그 속을 보려고 하지도 않지

누구나 가지고 있는 허점이면서
아름다움일 수도 있지

마음의 틈새를 가진 사람만이
틈 사이로 사랑을 낳고
사랑을 키울 수 있지

칼에서 베인 상처의 자리
그 자리에 새살이 돋아 오르듯

삶의 새 생명들이 나오기도 하지

새로운 삶을 발견케도 하고
광활한 우주가
살아 숨 쉬는 곳이기도 하지

사이間

눈目과 눈目 사이 백두대간
다리와 다리 사이
창조주가 있지

순간순간 세월이 흐르고
빛과 빛 사이 무거운 어둠의
그림자가 드리워지기도 하고

사이를 흐르는 바람의 파장도
그 크기는
가늠하기도 힘들지

소리와 소리 사이
울림의 여운은 공허하지만
그 공허가 마음의 공간을 채워도 주지

능선과 능선 사이 계곡이 있듯이
물 흐르는 소리는
내 가슴을 비파 선율로 채워주기도 하지

>

사이를 흐르고 지나는 것이
보이든 보이지 않던
있다는 것은 분명하니

사이의 틈은
무엇인가 존재하는 것이기도 하지

문득文得

까맣게 잊고 살아 왔던
60년 전 짝사랑했던 여인이
갑자기 생각나기도 하고

10년 전 돌아가신 어머니와
고추밭 콩밭 매던 생각
이렇듯 문득 문득 떠오르는 옛 생각들

국어사전에는 "문득"을
"갑자기 떠오르는 모양"이라 풀어 놓았지만
글월문文 얻을 득得 자의 단어는 사전에서
찾을 수 없네

나는 문득文得하기를 바라면서
늦깎기 일흔 하나에
시문학에 입문했지

시문학이 일상 잡념 생각나듯
문득 문득 그렇게 쓰여서
문득文得할 수 있다면 얼마나 좋을까만

>

그래도 포기할 수 없어
오늘도 내일도
서당 문을 기웃거리고 있을 거야

기웃거림의 세월만 어언 사년
그래도 못 잊어 문득文得하기를 기다리며
오늘도 서당 문 앞에 내가 서 있네

사막의 물

구름은
은하수로 흘러가고

하늘에서 내리는 것은
신의 저주뿐

물은
사막의 바람타고
수성水星으로 떠나버리고

사막을 건너던 낙타는
미라가 되었다

살아있는 생명에게
이보다 더한
신의 저주는 없겠지

사하라의 모든 생명들은
동맥도 수맥도 다 끊어지고

>

황량한 모래 바람 속에
작열하는 햇볕만 불붙고 있지

개울물에 흐르는 얼굴

개울가에 앉아
그리운 친구들 이름 부르며
꽃잎 하나 띄워 보낸다

정겹게 흘러가는
개울 물 따라
꽃잎 저만치 흘러가는데

그리움 가득한
내 마음은
흐르지 않는데

멀리 멀리 떠내려간
꽃잎 같이
내 기억 속에 친구들도 멀어져가네

저만치 흘러간
친구들을 부르는 소리인지
멀리서 친구들이
나를 부르는 소리인지

>

아스라이 들릴 듯 말 듯
그리움만 더해가네

울산바위

동해의 해오름에 밀려
검푸른 뫼 무리가
설악으로 밀려온다

알몸의 울산바위가
설악에 당도하고 보니
아랫도리가 썰렁하여

어느새
청록치마를
휘둘러 입었구나

바람이 치마폭을 스치니
이리떼가
사향 냄새 맡았는지

청록치마
들썩들썩 하는구나

붉은 치마 갈아입혀

금강산으로 시집보내야 할
설악은

걱정이 태산 같다

슬픈, 여*

바다는 지금
몸서리치도록 서러운 것일까

파도를 끌고 와서
너울춤을 추고 있다

수평선 낭떠러지에
걸려있는 무인도 바라보며
자꾸만 슬픈 이야기를 하고 싶은지

섬은 말없이
돌아 앉아 고개 숙일 뿐

가까이 다가갈 수 없는 것이
이렇게 끔찍하다니

망망대해에 떴다가 사라지고
사라졌다 다시 떠오르는
슬픈, 여

>

은하수를 사이에 두고
그리워하는 견우직녀처럼 울고 있다

* 여 : 물속에 잠겨 있는 바위.

독감

외딴집 대청마루에
덩그러니 홀로 앉아
처마 끝에 달린 외로운 달이
심한 독감에 깊은 기침을 쿨럭쿨럭

누구를 찾아가려다가
길을 잃었나?
뼛속 깊이 기어들어 온
외로움에 몸서리친다

산다는 것은 하루와 외로운 싸움이지
오지 않는 사람을
기다리는 것도

파란 하늘 아래
내 마음 달래보려 찾아간 겨울바다
파도마저 소용돌이치며 울고 있다

저녁이면 산 그림자도
소리 없이 엉금엉금 마을로 내려와

뼛속 깊이 독이 오른
외로움을 마셨는지

바람 스칠 때마다
혼자 끙끙 앓고 있다

자전거 바퀴

나눌 수도 없고 뗄 수도 없는
일란성 쌍둥이

하나가 심술을 부리면
갈 수도 없고 물러설 수도 없는
쌍둥이 형제

목표가 정해지면
심술도 꾀도 부리지 않으면서
온힘을 발맞추어 달려가지

가야할 길이 험난하고
수렁과 함정이 있다 해도
결코 두려워하거나 머뭇거리지 않지

무거운 등짐 하나 올려 매고
쉼 없이 달려가는
자전거 바퀴

엽서

밖에서 우수수 소리가 나서
누가 왔나 나가 보니
소슬바람 불어와 내 가슴 파고드는데

형형색색의 엽서를 가져 왔다고 전하지만
읽는 사람 없어
도착하기가 무섭게 쓸어버리지

미국 있는 아들은
손자 손녀 쌍둥이 태어났다고
노란 은행잎 엽서 두 장을 보내왔지

프랑스 있는 딸은
사랑하는 사람 생겨 열애 중이라고
빨간 단풍잎 엽서 한 장을 보내왔는데

아빠 엄마가 보낸 답장
무겁고 거추장스러운 옷 훌훌 벗어 버리고
가지마다 하얀 털옷을 입고 있는
그림엽서 보냈지

>

소슬바람 타고 오는 엽서
색깔 따라 세월도 오가고
사연 따라 울음도 웃음도 오가지

2부

무현금을 연주하다

무현금을 연주하다

통통통 고기잡이배
두려움, 기대, 모험, 인생의 전부를 가득 싣고
바다 깊숙이 들어갔을 때 생각난 것이
도연명의 무현금無絃琴과
샌프란시스코의 알카트라즈 감옥이다

아득한 수평선 끝자락
바다의 경계처럼 하나의 줄이 그어져 있어
그 줄이 우리를 옥죄는 철조망으로 변했다

하늘도 바다에 내려와
저 멀리 출발선에서부터 맞닿아 오고
사방은 막힘없이 밝아도 캄캄한 감옥이다

통통배 타고 온 것이 후회되어
이 현실을 벗어나고 싶지만 벗어 날 수 없어
망연하고 답답한 까막과부의 심정이 되었다

배는 바다가 쳐놓은 무현에 갇혀 있고
바다는 스스로 줄 없는 줄에 묶여

거문고 소리만 퉁퉁 거리지

바다를 들락거리는 절망으로
현絃 없는 거문고 연주 소리만
내 가슴을 파고들고 있다

하라

갑자기 머릿속
형광등이 깜빡거리고
생각과 기억이 줄다리기를 시작하면
생각의 실타래는 멈춰 서게 되지

코끝에서 입술로 전해지는
짜릿한 맛과 향기의
커피 한 잔

멈춰선 실타래 풀리기 시작하면
잘려진 시상의 꼬리도
삶의 맛과 여유도 멋지게 이어주지

얽혀있는 뇌파선에 전류가 흐르고
깜깜한 뇌등腦燈에 불이 켜지면
겹겹이 싸인 시詩산맥을
넘어 갈 수 있겠지

하라*의 커피향기가
물안개처럼 피어오르면

커피에 담긴 시향詩香도 함께
세상에 퍼지게 되겠지

* 하라 : 에치오피아산 커피 Natural급 커피맛, 새콤달콤하고 구수한 최고의 맛.

공간은 차를 부르고

시간은
빈 마음을 채워주거나
꽉 찬 공간을 비워주기도 하지

케케묵은 원고를 퇴고하면서
시간의 빈자리에 앉아

또 하나의
추억이나 미래를 마시는
시간이 되기도 하지

찻잔의 커피 향은
아련한 내 기억을 더듬어
회한과 기쁨이 있는
미소를 짓게도 하고

시간의 빈자리는
추억의 향기를 털어내기도 하고
추억을 만들기도 하는

>

삶의 여유를 주는
차 한 잔이 있는 풍경 속에
나는 앉아 있다

망상 바닷가

이른 봄 망상바닷가를 찾았다
아무리 둘러봐도 사람은 찾을 수 없었고
등줄기가 싸늘하게 외로운 바람이
파도를 부둥켜안고 소리 내어 울고 있을 뿐이다

지금은 곁가지조차 찾기 어렵지만
날 반갑게 맞아 준
해당화 한 그루가 있었지

향기에 취해 예쁜 네 모습을
만져볼라치면 앙살궂은 가시가
손의 접근을 막고 있었지

태어날 때부터 가시를 달고 났으니
아픔도 가지고 태어났겠지

'저에게 자비를 베푸소서, 저는 쇠약한 몸입니다
제 뼈들이 떨고 있습니다'*
살아있는 것 자체가 고통이고
살아간다는 것이 괴로운 삶의 여정이지

>

저 멀리 수평선 너머에서 잔잔하게
밀려오던 파도가 철썩철썩 바다도
처절하게 부서지면서
고통의 신음소리로 아픔을 날리고 있지

* 구약성경 시편 6장 3절의 말.

한강의 아침

아침 햇살이 눈을 뜨면
꽃잎들은 막 세수한 얼굴로 생기 넘치지

새벽안개 가르며 솟아올라
아침이슬 비추는 찬란한 아침햇살

밤섬에서 곤히 잠든
물새 청둥오리들
바람에 일렁이는 나무숲

물안개 자욱한
아침의 정적을 깨고
새들이 푸드득 날아오른다

그 사이로 보일 듯 말 듯
시간의 흐름에 따라
변하는 색다른 아침 풍경들

하루도 쉬지 않고
주변의 변화에 맞추어

살아 있는 한 폭의 수채화를 그려내지

한강의 아침 얼굴은
멋쟁이 화가

오래된 사랑

그때 우리 사랑은 방앗간 뒷마당
　　한 모퉁이에서 싹트고 있었지

그때 노래의 날개도 펼치고 장미꽃도 피웠지
　　날개 위에 실은 장미꽃은
　　하늘로 올라가 별똥별이 되어 떨어졌지

　　그날 밤 우리는 사랑의 속살도 보았지
　　해와 달이 지나고 우수수한 계절에
　　사랑도 바람 따라 어디론지 떠나게 되었지

그때 흑진주 같던 두 눈에 맺혔던 진주이슬
　　어스름 달빛에 영롱히 빛났었고
　　내 가슴에 비수처럼 꽂혔지

그때 경부선 신동역 철길은
　　우리 사이 기적소리만 남기고 지나갔었지

60년이라는 세월의 흐름 속에서도
다 흐르지 못한 세월의 찌꺼기

마음 한 구석에 고여 있네

그때 그 자리에서 보았지
구름 사이를 흐르는 파란 달빛은 요요寥寥하고
색바람 부는 철길 따라
빛바랜 사진들은 기차를 타고 떠나가는 것을

묵향을 치다

큰 벼루에
묵향 그윽한 먹을 간다

먹물이 붓에 휘어 감기니
붓은 낚싯대가 되어
벼루 강에서 춤을 춘다

먹물이 출렁이면
낚싯대는 재빨리 잉어 한 마리를
화선지 어망에 담는다

낚싯대에서 잡아 올린 잉어는
화선지에서 팔딱팔딱
튀어 오른다

먹물은 화선지 위의 공간에서
튀어 다니며 도도한 물결 만드니
산중의 목어도 내려와 춤을 춘다

움직이는 붓대 따라

먹물이 튀면서
탄생한 새로운 세상이 벽에 걸린다

진한 묵향 속에서
삶의 향기는 더욱 그윽해 진다

겨울 나그네

두 주먹 불끈 쥐고
세상에 튀어나와 흙으로 돌아가는 방랑자

방랑자가 어머니 자궁으로부터 세상에 나오면서
울부짖는 첫 소리는
세상을 향해 내가 왔노라고 포효한 것이지

'나 방랑자 신세로 왔으니
    방랑자 신세로 다시 떠나네'*
슈베르트도 방랑자의
마지막 안착지인 흙으로 돌아갔지

나그네가 지나가는
발자국마다 고독과 회한이 서려있고
발자국마다 후회와 분노가 쌓여가니
뒤 따르는 그림자도 비틀거리기만 하지

온몸에 금관옥대라도 둘렀던가
손아귀에 황금보화라도 쥐었던가
세상은 욕심으로 들끓는 가마솥이지

>

정한靜閑 목숨
얻을 것은 다 얻었고 누릴 것도 다 누렸는데
그림자와 함께 앞서거니 뒷서거니
무엇을 향해 가는 것인지
그 바쁜…

* 막스 뮐러의 시, 「겨울 나그네」로 슈베르트는 가곡, 「겨울 나그네」를 작곡함.

이백의 장진주將進酒

겨울 산이 좋아
영장산靈長山을 간다

산새와 풀벌레 떠난 뒤
그 작은 발자국 사이사이
눈이 내린다

얼음 밑 계곡물
공명관을 타고 흐르는 비파소리
누가 돌아앉아 우는 걸까

산 울음소리 네가 있어
네가 좋아 나는 여기까지 왔지

수많은 수목군졸樹木軍卒 거느리고
한쪽은 남한강 배수진을 치고 있으니

구름 한 접시에 안주 담아 띄워놓고
주거니 받거니 하는 동안
빈 술병에 미끄러져 가는 바람

>

해는 서산을 향해 달려가다
산마루에 걸려 멈칫
어둠이 그만 거기 주저앉고 마는데

오! 나에게는
오화마五花馬와 천금구千金裘가 없으니…

쉼표

어제와 오늘
시간과 공간 사이에서 문득
쉼표 하나 찍어 놓으니

새로운 길이 보인다

넘어지는 한이 있어도
새 길을 찾아보겠다고 시작한 걸음

구구절절한 사연들의 쉼표들은
참으로 많지만

모든 쉼표들은 언제라도
시간과 공간의 공통분모 안에
우리들이 서있었기 때문이지

오늘도 내일도 수많은 사람들과
쉼표 행진은 이어지겠지
마지막 마침표를 향해

국화꽃이 질마재를 덮었네

누님 같은 국화꽃 피운 마을
고창 질마재에 갔었지

소쩍새 울음소리
먹구름 속 천둥소리로
질마재 고개는 온통
국화꽃 동산을 만들고 있었지

내 마음속 자리 잡고 있는
한 다발의 국화꽃이
행여 향기보다도 따스한
국화꽃 봉오리로 다시 피어날까

소쩍새 울음도 기다려 보고
천둥소리도 기다려 보았지만
흐드러지게 핀 국화꽃만 보았을 뿐

정녕 만나고 싶었던
그대는 끝끝내 보이지도 않고

>

여치 울음소리 하나
들어보지 못하고 무거운
발걸음 돌릴 수밖에 없었지

봄날은 간다

88하게 검단산을 오르고 있다
매월 둘째 주週 토요일은 어김없는 산행
지금까지 이어져 오고 있다

치열한 경쟁을 했음에도
전장에서 생사고락 같이한 전우보다도
더 끈끈하게 이 산행에 스스로를 던지고 있다

힘들고 고달팠던
올림픽추진에 아름다운 에피소드로 꽃을 피우고
때로는 웃지 못할 사연들
술안주 삼기도 하지

최고의 경기 치루기 위한
피땀 흘린 경험담은 우리를 숙연하게 하기도 하고
함박웃음을 자아내기도 하지

하산할 때에는 누군가 시작한
연분홍 치마가 봄바람에 휘날리더라
새파란 풀잎이 물위에 떠서 흘러가더라

열아홉 시절은 황혼 속에 슬퍼지더라*를

하산하는 발걸음에 봄날은 가고
황혼 속에 쌓여 가는
아득한 30년 봄날은
지금도 흐르고 있지

* 백설희의 「봄날은 간다」 1, 2, 3절의 첫 소절.

꽃 속에 어머니 마음이 있네

노란 꽃 리본 예쁘게 달고
주름치마 내리고
다소곳이 앉아 있지

노랗던 꽃송이가
세월의 무게에 못 이겨
백발로 변했구나

머리에 이고 있는
털보송이 자식들
보내기 싫어

솔바람 불어 올 때
엄마 옆 가까이 두고 싶은데

행여 거센 바람 휘몰아칠까
조바심만 치는 구나

어머니 마음이
꽃 속에 들어 있네

상사화相思花

누구에게
물어 볼까

기다림에
가슴만 까맣게 타들어 간다

잎이 나면 꽃이 지고
꽃이 피면 잎이 지는

꽃송이 이고 꽃대만 솟아오른 꽃무릇
평생을 서로 만나지 못하니

이룰 수 없는 사랑으로
외롭게 저 혼자 피어나는 꽃

뙤약볕에 알몸으로
얼굴만 내민
저 홀로 피는 상사화

비 내리는 정원

애타게 기다리던
반가운 손님이

오자마자
우리 집 정원 나무 위를
정신없이 뛰고 있다

정원의 나무 위가
운동장이 됐는지

후두두둑 후두둑
이리저리 몰려다니는데

마치 농구선수들이
뛰어다니는 소리 같은데

올 때는 후드득 주르륵 왔다가
갈 때는 쏴하고 허전하고 쓸쓸함만
남겨놓고 가버리니

>

내 작은 가슴에 비에 젖는 정원을
펼쳐 놓고 가버리네

3부

청보리빛 사랑의 노래

청보리빛 사랑의 노래

푸른 남쪽 들녘
아지랑이 가물가물 피어오르니
연분홍 진달래 나를 반기네

여러 빛깔로 흔들리던 청보리밭
옛사랑을 한 올 한 올 떠서
피어 올리고 있겠지

올망졸망 어깨동무하던 초가지붕들
사랑은 아득히 드넓은 벌판을 돌아
들녘 한적한 개울가 빨래터에서
빨래방망이 소리를 타고 넘어서 오네

먼동이 문살을 밝히는
새벽녘까지도 잠 못 이루고 뒤척이며
사랑에 목말라 가슴 조이던

내 고향에도 지금쯤
지평선 저 멀리에서 파릇파릇한
사랑의 청보리 싹들이

아지랑이 등에 업혀 달려오겠지

아지랑이가 너를 싣고 오는 들녘 길
초가집 굴뚝을 타고 하늘거리며
피어오르는 파란 저녁연기 같은
그 푸른 들길

나는 잊을 수 없어
발걸음을 돌릴 수 없네

마음의 깊이

내 마음 어디에 있는지
우물 안을 들여다보며
돌 하나 던져 보았지

퐁당 소리만
여운을 안고 올라오지만
내 마음은 올라오지 않네

해가 뜨고 지고
사계절은 어김없이 가고 오지만
깊고 깊은 골짜기
겹겹이 싸인 첩첩산중이라

그 깊이와 넓이도
해가 뜨고 지는 것도
가히 가늠할 수 없으니

내 어찌 그 마음속
안다고 하겠소
그저 겉모양만 보고 있을 뿐이지

어달리 어시장
— 묵호항

짭조름하고 비릿한
바다냄새가 물씬 밀려오는
어달리 어시장

통통선에서 뛰어 내린 펄펄뛰는 물오징어
가자미 넙치 양곰치 광어 새우
생선 파는 여인들이 주고받는 투박한
강원도 사투리

저만치 쌓여 있던 축항은 가뭇없이 사라지고
북적이던 옛 항구 찾을 수 없지만
바닷길 길잡이 등대
어달리 산에 꿋꿋이 서있네

쭉 뻗은 방파제는 거센 파도의 숨결을 잠재우며
정박한 오징어 배들은
일렁이는 물결에 서로 기대고 있는 모습들이
어미닭이 품고 있는 달걀 같으네

숨 쉬는 바다는

갈색 빛 황금을 낚으려는 낚시꾼들 텃밭
그들은 오늘도 물레 낚싯줄을 풀어 놓는다

그 시절 통통거리던 어선에서
낚싯대로 오징어 잡는 어부들은 보이지 않지만
인심 좋고 살맛나던 어시장은 남아 있지

흘러간 기억의 모자이크는 맞추어지지 않고
깨져 흩어진 조각과 흘러간 시간들만
까맣게 머리 위에서 춤을 추네

나들이
— 친구

세월이 내 가슴에 빗금을 그으며
살별하게 지나간다.

내 살 속을 속속들이 파고드는
그리움의 활촉들 꺼내 들고 나들이를 간다

참 친하게 지냈다거나
이름만 알고 지냈다든가 하는 기억
지금 와서 보니 웃음만 짓게 되네

친구는 그 이상도 그 이하도 아닌
그리움만 쌓여 가다가
언젠가는 떨어지는 낙엽과 같은 것

어느 날 불쑥 이름이 생각나고
안부가 궁금하다가 그냥 만나고 싶어지는
좋은 친구를 만나게 되면

막걸리 한 잔에
구수한 파전 한 조각 양념장에 찍어

흘러간 이야기 한 토막 척 걸치면
맛과 향기는 더 덮을 데가 없겠지

물장구도 치고 팽이도 돌리고
모래밭에서 씨름하던 시절도 데려오면서
반가움에 함박웃음 시끌벅적하지

헤어지기 싫어
가는 시간 접고 접어 보지만
헤어질 때 손잡고 쓸쓸한 웃음 거슬러 주지

나들이는 나이와 관계없지
다만 그 느낌이 다를 뿐이지

풀잎 이야기

봄이 되면 풀잎
이야기로 초원이 질펀해진다

초원에서 목장하는 친구의
풀잎 이야기가 옮겨 다닌다

이곳은 소떼 양떼만 키우는 곳은 아니지
순하디 순한 눈동자
깊고 따뜻한 눈빛
눈 가득한 동공의 천사들을 만나는 곳이기도 하지

풀잎 한가득 씹으며
잎 피우고 꽃 피우고
내 피는 푸른 시간의 방향으로 흘러가지

해는 암소의 잔등에 걸려 멈칫거리고
한 무리의 양떼들도 집을 찾아오는데

산마루를 넘어가지 못하는 구름처럼
너는 도시의 담장을 벗어나지

못하고 있구나

어떻게 하면 도시의 밖으로 나갈 수 있나

친구의 목장에서 밀려오는
풀잎 이야기로 세상의 안부를 듣는다

우리라는 말

사람이 꽃보다 아름답다는 말이 있지

너와 나는 남남이 아니라
“우리”로서
하나가 되는 것이야

너와 내가 서로 믿고 마음을 열면
남남이라는
차가운 벽은 무너지고

우리 모두 삶의 즐거움을 함께 할 수 있겠지
너와 나는 젊음과 늙음이라는
나이도 잊고

아침이면 IT, 정밀기계, 정밀화학,
각 분야에서 수많은 지식을 공유하며
인류의 행복을 연출해내는
힘찬 일터가 우리를 기다리고 있지

도시에 땅거미 지고 가로등이 켜지면

남녀노소 할 것 없이
하루를 마무리 할 시간이지

하룻동안 쌓인 수고와 애환을 안주 삼아
소주잔 기울이며

너와 나는 남남이 아니라
'우리'로서 하나가 되는 시간이지

왜냐하면
사람이 꽃보다 아름답기 때문이지

여름과 매미

매미가 노래하면
여름은 후닥닥
달려오지

매미는 목청껏 노래하면
여름이
달려온다고 알고 있지

노래를 그치면
여름은
귀뚜라미를 불러 놓고
떠나 버리지

해빙

얼음 밑에 발을 담근 갈대는
생을 담금질 하며
몸으로 운다

어둠에 밀려난 노을은
갈대의 차가운 손을 놓아버린 채
산을 넘어가고

얼음을 품은 바람
갈대의 속살을 휘 젓는다

겨울 강 얼음에 잠겨 있는
버들강아지
하늘을 향해 기지개 펴고

외로움과 슬픔이 풀려 여울물 내고
해빙의 기쁨과 환희는
개구리도 세상 밖으로 튀어 오르게 하니

얼음 밑에 담겨 있던 뱃머리가 꿈틀하니

겨울 강 저편 해빙의 신음소리
강촌을 울린다

그림자
— 동반자

부부 사이를
동반자라고 하지

무덤까지 같이 갈
동반자가
될 수 있을까

아무리
생각해도
내 곁을 떠나지 않는
너 밖에 없구나

홀씨처럼 날아서

— 힘든 삶의 현장

하얀 달이 떠 있는 늦은 오후
가파르고 구불구불한 비탈길을
수레보다 더 높은 짐을 싣고
노인이 힘겹게 오르고 있다

가전제품, 파지, 폐박스를 가득 실은
수레 밑에서

윗도리도 그림자도 모두 길바닥에 깔고
끙끙거리는 힘든 모습
누가 끌고 올라가는지 알 수가 없네

전선줄에 얼기설기 묶여
힘겹게 버티고 서서
희미한 가로등 하나 간신히 붙들고 있는
전봇대 그림자도 허리 굽혀 밀고 있다

굽이굽이 올라온 길 뒤돌아 보니
살아온 인생길 닮은 그 길이
아물아물 멀어져 가고 있네

>

흙 한 줌 없는 돌담과 시멘트길바닥 틈새에도
노란 민들레와 질경이들은
귀한 생명을 키우는데

그가 가야 할 길에도 민들레꽃이 피어
수많은 홀씨처럼 훌훌 날아 갈 수 있는
날개를 달았으면

희수喜壽

희수稀壽가
어제 같았는데
병신년 달력 걸고 보니
희수喜壽가 문득 찾아 왔네

서툰 글 솜씨
희수喜壽에 겨우
서정시 팔십 수를 얻어
시집 한 권 내려고 하는데

긴 세월 미충 노릇 한 쌀알만도
항하사恒河沙 같구나

무고집멸도無苦集滅道*
미수米壽가 되면
할 수 있으려나

* 무고집멸도無苦集滅道 : 마하바라 반야심경.

묵은 김치

늦은 봄 땅속에 묻혀 있는
김장항아리 속 김치
색깔도 거무죽죽 살은 축 처졌으니
구십년 된 가죽과 다르지 않네

한로에 찬 이슬 먹고 상강에 서리 맞으면
서둘러 뽑혀 와서 소금에 절여지고

고춧가루, 젓갈, 갓, 무채 갖은 양념으로
어머니의 손끝에 버무려져
김장 항아리에 들어왔었지

온몸이 매 맞고
주리가 틀리는 몹쓸 고문 받으니
성질도 죽고 몸도 파김치가 되지

비몽사몽간 항아리에서 겨울잠 자다가
문득 잠에서 깨어 보니

대가집 밥상이나 저자거리 밥상에

토막토막 잘라져 올려 있기도 하지

자신을 버린다는 것이 어렵기는 하지만
나를 버리는 것이 내가 사는 길이었지

그때 몸은 부서졌지만
'김치' 그 이름은
지금도 먼먼 훗날에도 남아있겠지

하얀 마을

저녁부터 내리는 눈
밤새 내릴 모양이다

담장 너머 집에서
들려오는 다듬이 소리

밭고랑에서 오들오들 떨고 있던
보리가 깨어나
봄노래를 준비한다

밤새 하얗게 내린 눈으로
고샅길이 막히면
반가운 소식은 까치가 전해주겠지

밤새도록 내리는 마을에
고요한 정적이 덮어 오는데

'메밀 묵 사려
찹쌀 떡 사려'

>

추위에 떨지만
저 멀리서
환한 삶의 목소리 들려온다

상추쌈

온 식구가 둘러앉아
농사지은 상추 쑥갓 깻잎 풋고추
푸짐한 한상이네

며느리가 시아버지 앞에서
입 딱 벌리고 눈 부릅뜨고
대꾸할 수 있는 시간
시공時空을 넘어 아름다운 광경이네

손자 놈도 상추쌈 한 입 물고
"할아버지 입 찢어지겠다." 소리에
온 식구들 웃음바다 되기도 하지

당신도 한 입 나도 한 입
풋고추 하나 덥석 깨물었는데
맵지 않고 달기만 하네

장맛비 요란하게
애꿎은 나뭇잎 두들겨 패는
꿉꿉한 하루

>

물기 떨어지는 상추쌈
삐친 입 틀어막고
웃는 입 더 크게 열리게 하는
상추쌈 한 입

이태리 무궁화
— 순명順命

용광로 속에서 펄펄 끓는
쇳물을 연상케 하는 팔월 어느 날

온 산야가 팔팔 끓고 삶도 팔팔 끓어
온몸을 붉게, 붉게 태워

산야를 달구던 햇살도 산등성이에 걸려
멈칫거리며 몸부림치고 있는데
노동 후에 찾아오는 회색빛 시간

언덕에 앉아
이제 그 생의 마감을 위하여
진홍색으로 화장한 환한 얼굴에
노란 꽃대 똑바로 세우고

자신이 떨어져야 할 때를 알고
머리 숙여 툭!
순명順命하는 그대 이태리 무궁화여

"순천명자順天命者는 흥興한다"* 했는데

그대는 비록 식물일지라도
순천명順天命할 줄 아는데

나는…

* 明心寶鑑.

질경이

길섶 무성한 질경이
밟히고 또 밟혀도

아무 말 하지 않고
다시 또
툴툴 털고 일어나는 네 모습

살아온 여정마다
쌓인 꿈들이
깨어진 옹기조각 같아서
그 조각 들고 맞추어 보지만

번민도 가지가지
깨진 조각
제 모습 다시 찾을 수 없지만

수많은 발굽 아래
밟히고 밟히어도
다시 고개 들고 일어나는 질경이

네 얼굴 안에 내가 있구나

홍시紅柿

고즈넉한 산사의 처마 끝에
눈부신 햇살이 쏟아지고
참새들도 졸고 있는
나른한 시간

절 마당에 서 있는 감나무
붉은 연등이
주렁주렁 달려 있다

중생을 구제하겠다는
소원을 담은 듯
아름다운 연등빛깔들

주지 스님 얼굴도
연등처럼 환해진다

4부

있다, 없다

있다, 없다

— 사초史草

사람들이 제정신이 아닌지
세상이 미쳐 돌아가는지

있다,
  없다
    없다,
      있다

차라리 묵언수행이라도 했더라면

없는 줄 뻔히 알면서도
너무나 태연하게
있다고 찾아보자고 하는데

없는 것 찾다가
지쳐버린 사람도 세상도
술래놀이만 하네

있다 없다 할 것 없다
민초民草는 다 알고 있다
사라진 사초史草

공룡의 죽음

— 제3의 백악기白堊紀를 기다리며

스스로의 한계 때문에
자멸의 길 걸었던 공룡이 다시 온 걸까

4년마다 한 번씩 나타나는
위험한 짐승 티렉스*
삼백 마리가 세상을 어지럽히지

텅 빈 머리 요란한 입술
왁자지껄 떠들다 영혼은 구름조각에 떠내려갔나

머리는 비었지만 틈마다 쫑긋거리는 잔꾀
주린 배 채울 때는 주인도 몰라보고
먹거리 챙기는 일은 전광석화 같지

서로를 뒤엎을 모의를 하는지
난상토론에 격투기까지
탱크의 몸 붉은 띠 두르고, 하늘을 향해
고함을 지르기도 하고 주먹질도 하지

파당을 지어 물고 뜯고

몸도 정신도 만신창 되어가는 티렉스
너를 위해 노래 부른 내 가슴 치게 되지

양말산 자락의 공룡우리 역겨운 소리 냄새
제3의 백악기白堊紀여
그대 정녕 오지 않을 것인지

* 티렉스 : '티란노사우루수Tyrannosaurus렉스'의 준말.

긴급입찰공고

매주 한 번씩 이른 시간
어김없이 찾아오는
환경미화차량

도착 후 5분 안에
인간들이 저질러 놓은

지저분하고 냄새나는 것들을

진공청소기가 빨아들이듯
말끔히 치워 가는데

한강 너섬 양말산에 우뚝 선 대리석 건물
그 안에 가득 쌓인
썩은 황금빛 똥덩어리들

냄새와 오물로 세상을
더럽히고 있어도 아무도
치우지도 치워주지도 않으니

>

그 안에서 썩어 풍기는 냄새
골골마다 퍼져간다

황금쓰레기 300 가마니 치워줄
특수 진공 환경미화차량을
최고 낙찰가로
긴급입찰공고 한다

양말산 까마귀들

양말산 자락에
까마귀 삼백 마리
우글우글 세상을 어지럽히고 있지

패거리로 나누어 머리털 다 빠지도록
사사건건 물고 뜯는 싸움질
밖에만 나오면 날개를 펴들고 하늘을 가리지

새까만 날개, 펴고 보나 접고 보나
그들의 눈에는 온통
세상이 까맣게 보일뿐이겠지

먹거리 찾는대만 이골이 난 새대가리
검은 새대가리에서 검은 것 이상
나올 것도 없으니 볼 것도 없지

금방 한 말과 약속 잊어버리고
또 다른 괴성만 내지르고 있으니

오! 하느님

저들을 철새로 환생시켜 주신다면
저 멀리 동토의 땅으로
날려 보내버리고 싶습니다

명함

빛나는 이름이 들어 있는
잘 정리된 명함 통
책상 위에 덜렁 웅크리고 있다

일벌같이 노력한 자수성가 재벌들
권력 있다고 힘주던 군상들

썩은 시궁창 냄새 나는
여의도 까마귀들

한 세상 주름잡으며 살다 간
이름
  이름
    이름들

이제는 조용히
세월의 먼지만 쌓여 가는데
흘러간 종이쪽지에
불과한 명함들

>

산 사람의 명함이나
죽은 자의 비석이나
다를 바 없구나

저 파당派黨들

사람들은 이파派 저파派
수많은 파派에 휩쓸려 살고 있지

아버지 엄마는 대파에 기웃
아들 며느리는 쪽파에 기웃
식구들마다 좋아하는 파가 다른데

미사일 쏘고 핵을 터트린다 해도
파에만 빠져 있는
  파派
    파派
      파派

매워 눈물 나는 파파파
양파 대파 실파 쪽파
몸에 좋은 파가 얼마나 많은데

시궁창에서 자란 파派에 빠져
모이고 흩어지고 깨지면서

>

흑백으로 쪼개졌다 모였다
시류 따라 휩쓸려 가는 길도 못 찾으며

쏟아지는 파당派黨 소나기에
젖어만 가고 있지

허수아비들

너섬의
허수아비 300개가 광무狂舞를 시작하면
난장판 춤사위에 대리석 건물이 들썩거린다

옷차림은 말끔한데
탐욕스런 눈빛과 오만한 행동은
하늘을 찌르지

웃는 낯으로
들판의 곡식들을 지켜 준다고
두 팔을 흔들어 종鐘의 흉내도 내지만
무책임한 종소리임을 참새들은 알고 있다

들판도 사라지고 주인도 떠나고
남은 것은 대리석 집 한 채와
빈 깡통 소리만 내는
허수아비들의 집합체들 뿐

가을걷이 끝나면 양말산 자락에서의 약속
미래도 희망도 없는 그 말들을

나는 불태우고 싶다

머지않아 그들의 종말도 시작되겠지
오호라! 세월호처럼 스스로
가라앉게 되겠지

산사태

지신地神이 울고 있다
땅이 갈라지고
산이 무너져 내린다

몸부림 칠 때마다

푸르름을 자랑하며 서 있던 나무들
풀잎과 꽃으로 수놓았던 대지가
수렁으로 빠진다

정성껏 쌓아 올린 돌탑들도
처참하게 무너지고 쓰러지고
질주하던 길도 멈춰 서 버렸다

무심한 하느님이
몇 천리쯤 마실 나간 사이

지신地神의 심술이
광란을 일으킨다

불꽃
— 명품거리

명품 불꽃놀이가 열린다는
청담동 99번지
샹젤리제 보다 더 화려한
세계적인 불꽃놀이가 열린다 하네

거리마다 구석구석 불꽃들로 즐비하고
화려한 의상의 아가씨들도 으스대며 활보하네

뤼이비똥, 구찌, 페라가모를 메고
발리신발로 멋을 내고
샤넬No'5 코코마드모아젤 오드로
오가는 이의 코끝을 유혹하고 있지

불꽃의 제왕들은 엄지손가락 곧추세우며
브랜드에 빠져있는 고객들 유혹하니
환한 보름달 한 아름 안고 나온 여인천하되어
곳곳마다 발 디딜 틈 하나 없네

불꽃들을 바라보는 생각과 미소들
서로 다른 허상

그 허상의 불꽃 가슴에 품겠다는 마음만은
숨길 수도 지울 수도 없겠지

불꽃들이 자신을 달구는 혼魂불이든 아니든
손끝의 향기이든 아니든 아랑곳 하지 않네

피어오를 불꽃을 마음에 떠올려 보며
불꽃들은 청담동 99번지에서
밀라노의 환상을 당겨보네

생각

땅속 깊이 묻힌
다이아몬드다

꽁꽁 언 얼음동이 속
생명의 씨눈이다

때로는
바다의 성난 파도이면서
잔잔한 호수의 은파다

탄광 갱도이기도 하고
웃음 가득한 관광열차이기도 하다

사람 마음속에 도사리고 있는
변화무쌍한 것

그것은 아마도
색깔과 모양이겠지

악의 신이 웅크려 있기도 하고

천사가 행복의 방향으로
꽃을 피우기도 하는
생각
생각

무당벌레

실버농장 가지 밭
28점박이 무당벌레 한 마리
바람소리 내며 날아왔다

손바닥 위에서 곡예를 하며
손금을 꼼꼼하게
살피고 있다

손금이 별 볼일이 없었을까
무당춤만 추다가
지독한 방귀만 뀌어 놓고
날아가 버렸다

점괘 하나쯤은
일러 주고 가면 좋으련만
이름값도 못하고

옆에 있던 강아지가
한심한 생각이 드는지
멍, 멍,
답답한 시인이라며 짖어댄다

문경새재
— 과거 보러 가는 길

그 짚신 발자국 지금도 선명해
한 걸음 내 디딜 때
한숨 내쉬고

청운의 꿈 한 가슴 안고
두 걸음 내 디딜 때
피 눈물 쏟았지

한 서린 발자국 지금은
뻐꾸기 우는 소리 가득 고여 있고
때로는 그 자리에
나리꽃도 피어 있지

서러운 선비들
한도 떠나지 못하고
한낱 먼지 되어 날고 있구나

영남 젊은 선비들의
괴나리봇짐
가난과 꿈을 짊어지고

>

무거운 걸음걸음
문경새재 넘어가는
한양 길은 더디기만 했었지

못

집을 지을 때나 건축공사장에서

못만큼 곤장 아닌 쇠망치로
정신없이 얻어맞는 것도 없겠지
그것도 대가리에만 집중적으로

맞을 때마다 불꽃놀이를 하지
겉으로 나는 소리보다
속으로, 속으로 깊이 파고드는 통증

때로는 휘어지고 부러지면서도
크고 작은 아픔의 소리도 삼키면서
통곡의 소리만 들리는
그 길을 갈 뿐이지

그 못 천년 노송의 옹이가 되어
흘러내린 송진으로 만들어진
호박琥珀처럼

이생에서 저승으로 엮어 놓은

명주고리를 이어주는
풀 수도 뽑을 수도 없는 매듭처럼

오늘도 내일도
아픔과 고통의 길만이 기다릴 뿐이지

파도 1

무작정
양양 솔비치에 당도했다

저 멀리서 솟았다가 꺼지며
정신없이 달려와
암벽에 철써덕 하얗게 산산조각 나네

반짝이는 수평선에 닿아 있는
내 마음
짙은 흑청색으로 물들고

몸은 파라솔 그늘에 묶여
움직일 수가 없었지

하얀 백사장이 보고파 달려갔다가
바다가 오라고 손짓하니
다시 달려 나오곤 하지

파도는
달려와 부딪히고 부서져
아픔의 몸부림으로 깨어지고 있네

파도 2

파도의 손을 잡고
통곡하고 싶어
바다에 왔는데

저만치서
파도가 먼저 알고
땅을 치며 통곡하고 있네

무엇이 그리 원통하고 분하여
머리 풀어헤치고
저고리 고름도 다 풀어 헤치고

미동도 하지 않는
백사장白沙場 넓은 가슴을
짓밟으며 덮치는가

몇 억겁을 바다 속에서
키워 온 원망

내 가슴속에도
깊고 넓은 바다가 들어 있네

파도 3

신명난 여인의 춤
뛰고 달리며 혹은 엎어지며
넘어지고 솟아올라

몸이 산이 되고
다시 물이 될라나
어딘가로 내 달리는 산맥이 되네

저 달빛에서 얻어 온
광기가 흰 거품 뿜어내며
하늘의 뜻 말하네

누가 부르지도 않고
오라는 이 없어도

헤진 옷자락 속에서
붉은 불이 타고 있네

5부

흙으로 돌아가리

흙으로 돌아가리

하늘이 날
부르는 날, 나는
한 걸음에 달려가리

새벽 먼동과 함께 영롱히 빛나다
사라지는 이슬과 같이
흙으로 돌아가리

노을빛 비켜 타고
하얀 두루마기에 자홍색 도포 걸치고

온 산마루를 붉게 물들이고
구름 가마타고 무지개다리 건너서

기쁜 마음으로 돌아가리

이 땅에서 삶이 끝나는 날
그 삶이
어떠했느냐고 묻는다면

>

봄과 같이 따뜻하고
가을과 같이 은혜로웠다고
말씀드리리

* 천상병 시인의 「귀천」을 읽고.

번뇌煩惱

생각의 벽에 쌓이는 소리를 피할 수 없어
속세의 소리 피하여 산사를 찾았지

눈감고 가부좌하고
앉아 있으면 부처님 숨 쉬는 소리
천수천안관자재보살의 손 놀리는 소리

천개의 눈총에 깜짝 놀라 눈을 뜨면
부처님 설법에
사부대중이 귀 기울이는 소리

귀 닫고 묵언독경하면
온갖 잡생각 내 머리 밖으로
폭포수처럼 콸콸 쏟아지는 소리

대웅전을 나와 조용히 뜨락에 서니
깜깜한 저 건너 이웃 산동네로
수많은 별들이 흘러가는 소리

문살을 지나는 바람소리

소나무도 외로움에 떠는 서러운 소리
잎새마다 가득 채워
산골 마을로 내려 보내고 있었지

마음의 번뇌가 빠져 나가는 소리
켜켜이 쌓이는 부처님 숨결 소리
끝없는 번뇌를 다 끊겠다는

기도하는 마음 담아
부처님 소리 빌려와 가슴에 넣고 보니
세상의 소리들 장삼아래 무릎 꿇네

갈대 울음

연두의 시절부터
꽃바람만 불어와도 울었다

서릿바람 솔솔 불면
풀 먹인 황포黃布옷으로 갈아입고

북받치는 서러움
몸으로 말한다

흔들리기 시작하면
울기 시작하고
울고 싶을 때는
흔들기 시작하지

모진 눈보라 스치고
때론 하얀 홑이불 뒤집어쓰고
시리디 시린 엄동에
두 손을 비비다
끝내 손목이 꺾어져

>

하얀 뼈대만
어지럽게 쓰러져 있지

갈대의 눈은
사계절 젖어 있다

산사의 가을

어스름이 찾아오는
고즈넉한 산사
희뿌연 회색연기로
가을 산을 채색하는데

활화산 같은 붉은 노을도
산 고개를 넘어가지 못하고
주춤거린다

붉은 노을로 채색된 번뇌
중생의 마음 한 자락이라면
그 한 자락 깔고

나무아미타불 관세음보살

세월을 못 이긴 빨간 단풍잎
저녁 예불 종소리에 놀라
오솔길 위에 떨어지는데

경내를 걷던 노스님

떨어진 단풍잎 색깔

하얀 고무신에 물들까 염려되는지
걸음걸음이 조심스럽기만 하다

사월초파일

부처님 오신 날
할미꽃처럼 꼬부라진
할머니

'저 108계단을 올라가야
부처님을 만날 수 있을 텐데
어이 할꼬 저 높은 계단을'
후유~

반으로 굽은 몸뚱어리
너무 무거워
그림자 떼어 돌계단에 깔아 놓고
계단을 물고 하나 둘 셋 오르고 있네

헐떡이는 숨이 목에 차올라
잠시 계단에 주저앉아
흘러간 세월을 헤아려 본다

한 많은 사연들
가슴에 하나 가득 안고

살아 온 세월

아직
염주알 굴릴 일이 남았는지
이마에 맺힌 땀방울

세월 따라 깊게 파여진
주름계단을 타고
주르르 미끄러진다

부처님 진신사리

오대산 계곡을 걸어 내려오는
청아한 물소리

천년의 이끼 낀 비경에
햇살 한 올 한 올
현의 떨림처럼 들려주는데

적멸보궁까지 올라가는 길 따라
다가 올 미래도 짐작해 본다

굽이굽이 돌아 오르는 길목마다
자장의 숨결소리 피어오르고

길섶 따라 피어있는 진달래 나리꽃
사이사이 곱게 묻혀 있는 독경소리

들리지도 않고
들으려 하지도 않으며
지나는 길손마다 꽃만 꺾어 들고 가네

>

진신사리에 합장배례하면
전생의 업장과 이생에서 쌓이고 쌓인
항하사恒河沙 같은 죄업들이 사라질까

독경과 목탁소리만 허공을 맴돌고 있구나
색즉시공色卽是空 공즉시색空卽是色

어머니의 집

고향 마을 맞은편
양지 바른 산등성이
물소리 바람 소리가 풍악으로 들려주고
하얀 구름 한 점 지붕으로 덮고
일어 날 줄 모르고 주무시고 있네

임진년 봄 윤달 형제들 뜻 모아
나무 심고 꽃 심어 벌 나비 날아오게
새집 단장해드렸는데

금년같이 뜨거운 여름
모시적삼처럼 시원하셨는지
입추가 지난 지금도 여름 장마처럼
쏟아내는 빗살에 누수는 없으신지

청자 빛 맑은 하늘
황금색으로 갈아입는 산야들
하얀 도배지로 도배할 준비하고 있는데
혹독하게 추운 날씨가 오면
전기장판 한 장 없이 얼마나 추우실까

>

그래도 어머니는
'내 걱정은 하지 마라'
'여기가 참 좋다'고 하신다

묵언기도

너덜너덜한 옷은 다 벗어버린
앙상한 알몸

말을 삼킨 겨울나무들
묵언기도 중이다

그들의 몸에 걸린 자물쇠의
비밀번호는 오직 햇살만 알뿐

바람이 불면
흔들리는 산야를

눈 덮인 세상
흰 눈이 어지럽게 휘날려도
말없이 바라보기만 하지

안으로 굳게 잠긴 몸
그 안에서
언젠가 꽃으로
피어날 봄을 만들고 있겠지

깨달음

용광로처럼 이글이글 타던 8월
먹구름이 증기기관차 타고 내려오더니
땅바닥을 기다가
후드득 뛰어 가기 시작한다

숲속에서 휙 달려 나온 바람에 밀려
먹구름은 손사래를 치며 달아나지

달아나는 구름 틈새로 내려오는
파란하늘
나뭇잎들도 반가워 손짓하고

새들은 숲속에서 후루룩 튀어 올라
파란하늘 무대에서 교향곡 연주에 빠져 있지

월악산 정상을 향하여 올라가다가
오던 길을 시원하게 산등성에 잠시 펼쳐놓고
헐떡거리는 숨도 언덕 위에 잠시 걸어놓았지

몸은 팔부능선에 털썩 주저앉아 있는데

내 다리는 따라오기 힘들다고
아직 육부능선에 머물면서 데리고 가라하네

삶은 참으로 오묘하지 않는가
고통이 끝나면 기쁨이 찾아오고

기쁨은 곧 깨달음에서 오는 것이니
완전한 깨달음을 느끼는 즐거움이
고득아뇩다라삼약삼보리故,得阿樓多羅三邈三菩提* 이지

*「마하반야바라밀다심경」에 나오는 경구로 "완전한 깨달음을 얻었다"는 뜻.

죽비

적막이 드리운 고즈넉한 산사
탁탁 딱
죽비소리가 정적을 깨트린다

염불소리 잠재우며
짙푸른 잎들을
두들기는 죽비소리가
처마 끝에 달린 풍경 위로 내려앉는다

죽비소리에 놀란
풍경소리 요란하니
목어도 덩달아 춤을 춘다

죽비소리는 풍경을 달고
모든 법은 공하다는 반야심경이 되어
계곡을 지나 능선을 넘어서
아랫마을 세상으로 퍼져나간다

찰나刹那*

이승에서 싸움은
저승에서도 이어지지

안나푸르나 빙벽에서 자일을 탈 때
앗차! 하는 순간
삶과 죽음으로 그 길이 갈라지지

하늘이 깨지고 찢어지는 천둥벼락 치는 소리
그 소리가 멎기도 전에
섬광이 번쩍 누굴 내려치는지

섬광과 함께 오는 붉은 손님
그를 만나는 사람들은 발가벗겨지지

불경에서 인생은
찰나이고 극락은 영원하다지만

찰나이든 영원이든 보이는 것 같고
보일 것도 같지만 보이지 않는
그 삶도 시간도 아득히 멀고멀기만 하지

>

그 삶의 길에는 앞에도 뒤에도
아무 것도 없으며 지금 이 자리에서는
오직 찰나만 있을 뿐이지

* 찰나刹那 : 수유의 100분의 1 짧은 시간.
  수유須臾 : 1의 1000조분의 1 작은 수임.

은행나무로 천년

용문사 대웅전에는
그 누구도
흉내낼 수 없는 자비의 미소가 있다

천년 세월을 품은 은행나무
바람 따라 미소 짓듯 흔들리고 있네

속세와 만남이 아픔이 되어
살아 온 인고의 세월

병들고 썩은 몸 도려내어
시멘트로 봉합한 해탈의 모습

의상의 넋으로 살아온 천년
비운의 마의태자
넋을 읽고 기린 세월도 천년

긴긴 세월을
사부대중에게 화엄경 약찬게略纂偈*를
묵언으로 설파하고 있으니

>

산새도 알아듣고

새겨듣는 화엄가족이 되었구나

* 약찬게略纂偈 : 용수보살龍樹菩薩이 대방광불화엄경을 간략하게 한 게송.

무인도는 외롭다

바다도 외로움이
뭉쳐져 섬이 되었다

바다의 뜨겁고 거친 몸짓
멈추지 않네

외로워도 외롭다 말 못하고
서럽고 서러워도
서럽다 말 한 마디 못하면서

그저 저 멀리
수평선 지나가는 일엽편주만
하염없이 바라보네

춤추는 검푸른
칼날의 위협에도
미동도 하지 않고

말없이
돌아 앉아 고개 숙이고 있지

안나푸르나의 일출

안나푸르나의 얼굴
활활 타오르는 저 붉은 점 하나
누가 덩그러니 올려놓았는지

화산분화구에서 끓고 있는 용암처럼
끓어오르는 그리움
설산을 녹이고 있다

그 산 위 누가 있어
붉디붉은 방점傍點 하나 녹여
하얀 빙벽 붉게 물들이고 있다

미켈란젤로가 다시 온다 해도
흉내낼 수 없는
빙벽의 채색화술彩色畵術

붉은 장미꽃 한 송이
핏빛으로 녹아
하늘 끝자락에 뿌려지고 있다

춤추는 을숙도

겨울 철새들은
파도타기 군무群舞에 빠져 있다

옷을 벗고 앙상한 뼈대까지 내놓고
머리엔 하얀 미사포를 쓰고
알몸으로 서 있는 갈대

잠길 듯 말 듯
은파를 이루는 물결 위에 떠서
구름 따라 흘러가고 있지

전신을 휘감으며 부비고 핥으며
그들만의 애무愛撫
멀리 파도에 휩싸여 흘러간다

쏴~불어오는 강바람에
꺾이다가 휘어지는 춤사위 따라
강물도 흐르고

하늘을 나는 수많은 합창단은

멋진 하모니로 화답하지

얼쑤~ 얼쑤~ 춤추는 을숙도

갈대꽃 지휘봉이
멀리 포구에서 하늘가로 올라간다

국사봉을 가다

산과 안개가 한 몸이 된 국사봉
굽이굽이 돌아 올라가는 길
한 발 한 발 떼어 놓기 힘든 발걸음
돌부리가 내 발목을 잡고 늘어지네

산골 계곡물이
시린 공명관을 타고 흐르는
깊고 장엄한 아쟁의 소리
잠시 내 귀를 붙잡아 머뭇거리는데

오고가는 산길
새소리 물소리 아름다운 화음이 들리는
바위에서 잠시 쉬어가라 하네

울울한 소나무 산길 뒤돌아보니
구불구불 산길이 지나온 나의 발자국 되어
바쁜 걸음으로 따라 오는구나

다 왔으니 바쁘지 않다
너의 가쁜 숨소리가

하늘에 닿아

남은 세월이 들을까 마음 쓰이는 구나

望 喜壽

柳鉉(本名 柳明鉉)

稀壽加七 喜壽期 (희수가칠 희수기)
風塵世上 晩年學 (풍진세상 만년학)
纔得抒詩 八十首 (재득서시 팔십수)
初志作心 克風霜 (초지작심 극풍상)

稀壽(70세)에 7을 더하니 喜壽(77세)가 되었구나
험난한 세상에 늦게 시문학공부를 시작하여
겨우겨우 힘들게 서정시 80수를 얻었네
처음 뜻한 마음으로 험난한 세상을 극복했구나

해설

시의 왈츠로 승화되는 삶의 불꽃

이형권 충남대 교수 · 문학평론가

시의 왈츠로 승화되는 삶의 불꽃

이형권 충남대 교수 · 문학평론가

1.

이 시집을 열면, 한 생애를 열심히 살아온 어느 노부부가 우아하게 춤을 추는 장면이 나타난다. 그들은 왈츠에 맞추어 서로의 눈빛을 정답게 나누면서 유연하고 아름다운 몸동작을 보여주고 있다. 다소 과격한 동작들도 어느 젊은이들 못지않게 충분히 소화해 내면서 사랑의 춤을 활발하게 추고 있다. 그들이 춤을 추는 시간적 배경은 만물이 솟아오르는 생명의 계절인 봄 하늘이다. 그들이 왈츠의 춤을 추자 봄의 생명들도 덩달아 춤을 추면서 싱그러운 봄의 향연이 펼쳐진다. 이를테면 "마른 풀잎 일어서고 파란 풀잎 뛰어 오를 때/ 하늘의 빛들이 내려와 봄의 왈츠를 시작"(「봄의 왈츠」)하고 있는 것이다. 이처럼 "하늘의 빛들"이 추는 왈츠가 자연의 춤이라면 이 시집의 노부부가 추는 왈츠는 인간의 춤이다. 노부부가 추는 인간의 춤과 하늘의 빛들이 추는 자연의 춤이 함께 어우러지면서 아름다운 봄의 풍경은 완성된다. 전경화된 것은 물론 노부부다. 봄의 왈츠를 통해 노부부는 세월의 더께를 벗어버리고 봄꽃처럼 밝고 아름다운 삶의 불꽃을 피워 올린다.

세상에 나오는 수많은 시집들 가운데는 봄의 시집이 있고, 여름의 시집이 있고, 가을의 시집도 있다. 혹은 겨울의 시집도 있다. 봄의 시집은 사랑을 노래하고, 여름의 시집은 열정을 노래하고, 가을의 시집은 풍요를 노래하고, 겨울의 시집은 사색을 노래한다. 류현 시인의 이 시집은 봄의 노래들로 가득하지만, 그 노래를 부르기 위한 삶의 여름과 가을과 겨울의 사연들도 실려 있다. 이 시집의 시편들이 들려주는 전체적인 스토리의 범주는 신화비평가인 노스롭 프라이가 제시했던 봄의 뮈토스에 적실하게 부합한다. 봄의 뮈토스는 장르 이론으로 보면 로망스에 해당하는 것인데, 로망스는 주인공이 온갖 어려움을 물리치고 다양한 반전을 겪으면서 행복을 찾는 이야기로 구성된다. 류현 시인의 시도 현실생활에서의 어려움과 극복과정, 그리고 그런 과정을 겪고 난 뒤의 여유로운 삶을 노래한다는 점에서 로망스의 일종이다.

시는 왜 쓰는가? 시를 쓰는 사람이라면 이 근본적이고도 까다로운 질문 앞에 한번쯤은 맨 정신으로 서 보았을 것이다. 이 질문에 대한 답을 구하는 일은 한 시인으로서의 자기정체성 혹은 자의식과 관련되어 있다. 이 시집의 시편들에 의하면 류현 시인이 시를 쓰는 이유는 두 가지 정도로 요약된다. 하나는 속악한 현실에 대한 비판이고, 다른 하나는 자신의 인생에 대한 성찰인데, 작품에 따라서 둘은 서로 넘나들기도 한다. 그의 시에 드러나는 성찰의 깊이와 비판의 예리함을 보건대, 그가 간직하고 있는 시 쓰기 대한 열망은 매우 크고도 절박하다. 그는 시라는 삶의 불꽃으로 드높은 정신과 정갈한 영혼의 세계에 도달하고자 한다.

2.

시인은 고독한 존재이다. 시인이 고독한 이유는 일반 사람들이 보지 못한 너무 먼 곳, 아주 높은 곳을 보아버렸기 때문이다. 깊은 정신의 세계, 높은 영혼의 세계를 보아버린 시인은, 백석의 표현을 빌리면 '가난하고 외롭고 높고 쓸쓸하니' 살아가게 태어난 존재이다. 고독은 자아를 깊이 성찰하게 하는 동시에 현실과의 비판적 거리감을 확보하게 해준다. 고독은 시인의 근본적 생리이다.

산다는 것은 하루와 외로운 싸움이지
오지 않는 사람을
기다리는 것도

파란 하늘 아래
내 마음 달래보려 찾아간 겨울바다
파도마저 소용돌이치며 울고 있다

저녁이면 산 그림자도
소리 없이 엉금엉금 마을로 내려와
뼛속 깊이 독이 오른
외로움을 마셨는지

바람 스칠 때마다
혼자 끙끙 앓고 있다

—「독감」 부분

이 시는 독감에 걸려 고생한 체험을 바탕으로 하고 있다. 독감에 걸려본 사람은 알겠지만, 참을 수 없는 고통이 온종일 온몸에 다가온다. 그러나 그 고통이 반드시 무의미한 것만은 아니다. 독감의 고통은 스스로를 타인과 단절시키면서 인생에 대한 성찰의 기회를 제공하기 때문이다. "산다는 것은 하루와 외로운 싸움"이라는 진술은 그러한 성찰의 결과이다. 독감으로 인해 혼자가 된 화자는 "오지 않는 사람을 기다리는 것"에서 오는 고독감은 어쩌면 인생 자체가 그런 것이 아닐까라는 생각에 이른다. 그래서 심란한 마음을 달래보려 "겨울바다"에 찾아가 보지만 어떠한 위로도 받지 못한다. "파도마저 소용돌이치며 울고 있다"는 사실만 발견하고 만다. 화자의 외로움이 "파도"에 투사되면서 그 외로움이 배가되고 있는 것이다. "저녁"의 "산 그림자" 역시 마찬가지로 인생의 "외로움"의 다른 이름으로 다가든다. 하여 "바람 스칠 때마다/ 혼자 끙끙 앓고 있"을 뿐이다. 그렇다면 이 시에서의 "독감"은 일시적인 병증이 아니라 고독한 인생을 비유하는 것이라 할 수 있다. "독감"을 매개로 인생은 고독이라는 인식에 도달한 셈이다.

이 시집에는 인생의 고독을 노래하는 시편들을 찾는 것은 어렵지 않다. 류현 시인은 그만큼 인생에 대한 성찰적 인식을 빈도 높게 하고 있는 셈이다. 사실 어떤 인생이든 외롭지 않은 인생은 없다. 외롭다는 것은 인간이 지닌 실존적 조건이면서 그것을 느낀다는 것 자체가 인간다운 삶의 한 조건이라 할 수 있다. 외로움은 성찰을 낳고 성찰은 진실을 낳는 것이기 때문에, 삶의 진실을 추구하는 시인이나 예술가는 다른 어떤 사람들보다 고독할 수밖에 없다. 속된 현실과 쉽게 타협할 수 없는 진실한 시인은 선천적으로 나그네의 운명을 지니고 태어날 수밖에 없다. 시인이 "나그네가 지나가는/ 발자국마다 고독과 회한이 서려있고/ 발자국마다 후회와 분노가 쌓여가니/ 뒤따르는 그림자도 비틀거리기만 하지"(「겨울 나그네」 부분)라고 노래하는 것은 그런 이유이다. 또한 "연두의 시절부터/ 꽃바람만 불어와도 울었다", "갈대의 눈은/ 사계절 젖어 있다(「갈대 울음」 부분)는 것도 인간의 실존적 고독에 대한 인간적 반응이라 할 수 있다.

시인이 현실에서의 고독을 넘어서는 방법 가운데 하나는 현실 너머의 어떤 대상을 추구하는 것이다. 따라서 마음 깊이 새겨진 어떤 이상적인 존재에 대한 그리움은 현실에서의 고독을 생리로 하는 인간의 또 다른 실존 조건이다.

내 마음속 자리 잡고 있는
한 다발의 국화꽃이
행여 향기보다도 따스한
국화꽃 봉오리로 다시 피어날까

소쩍새 울음도 기다려 보고
천둥소리도 기다려 보았지만
흐드러지게 핀 국화꽃만 보았을 뿐

정녕 만나고 싶었던
그대는 끝끝내 보이지도 않고

여치 울음소리 하나
들어보지 못하고 무거운
발걸음 돌릴 수밖에 없었지

—「국화꽃이 질마재를 덮었네」 부분

이 시는 "나"가 일상의 각박함에서 벗어나고자 미당의 고향이자 그의 문학관이 있는 "질마재"를 찾아 나선 사연을 노래한다. 시의 내용에 의하면 미당은 "정녕 만나고 싶었던/ 그대"이자 "내 마음 속에 자리 잡고 있는/ 한 다발의 국화꽃"을 마음에 품고 살게 해준 존재이다. 미당의 「국화 옆에서」라는 시와 연관 지으면 "나"에게 미당은 "국화"를 통해 원숙한 아름다움 혹은 인고의 가치를 알게 해준 존경의 대상일 터이다. 주지하듯 미당은 '부족 방언의 마술사'라는 상찬을 들을 정도로 한국 시사에 큰 족적을 남긴 시인이다. "나"가 "질마재"를 찾은 이유는 그런 미당이 피워 올렸던 아름다운 국화꽃을 마음속에 다시 피워보고 싶기 때문이었다. 그러나 "나"는 "질마재"를 가서도 정작 "국화꽃"을 피운 "소쩍새 울음"이나 "천둥소리"를 찾아볼 수 없는 상황에 처하게 된다. 미당을 기념하기 위한 행사용 "국화꽃"은 화려하고도 "흐드러지게" 피어있으나, 미당이 인고의 과정을 거쳐 피어나게 했던 진정한 의미의 "국화꽃"은 피어나지 않은 것이다. 그래서 "나"는 "소쩍새 울음"이나 "천둥소리"와 비슷한 "여치 울음소리 하나"도 듣지 못하고 "발걸음을 돌릴 수밖에 없"음을 아쉬워하고 있는 것이다.

이 시에서 "질마재"의 의미를 확대 해석하면 진정한 아름다움과 인고의 가치를 상실한 현실이고, "그대" 혹은 "국화꽃"은 그러한 아름다움과 가치를 상실하고 살아가는 현대인을 함의한다. 그렇다면 이 시가 노래하고 있는 그리움은 현실에 대한 비판적 인식과 관련되는 것이라 할 수 있다. 류현 시인의 시에서 이와 같은 현실비판 의식은 많은 시에서 드러나는 주제의식인데, 특히 요즈음의 사회 현실이나 정치에 대한 비판에서 그 절정을 보여준다.

뤼이비똥, 구찌, 페라가모를 메고
발리신발로 멋을 내고
샤넬No'5 코코마드모아젤 오드로
오가는 이의 코끝을 유혹하고 있지

불꽃의 제왕들은 엄지손가락 곧추세우며
브랜드에 빠져있는 고객들 유혹하니
환한 보름달 한아름 안고 나온 여인천하되어
곳곳마다 발 디딜 틈 하나 없네

불꽃들을 바라보는 생각과 미소들
서로 다른 허상
그 허상의 불꽃 가슴에 품겠다는 마음만은
숨길 수도 지울 수도 없겠지

—「불꽃 – 명품거리」 부분

스스로의 한계 때문에

자멸의 길 걸었던 공룡이 다시 온 걸까

4년마다 한 번씩 나타나는
위험한 짐승 티렉스*
삼백 마리가 세상을 어지럽히지

텅 빈 머리 요란한 입술
왁자지껄 떠들다 영혼은 구름조각에 떠내려갔나

머리는 비었지만 틈마다 쫑긋거리는 잔꾀
주린 배 채울 때는 주인도 몰라보고
먹거리 챙기는 일은 전광석화 같지
—「공룡의 죽음」 부분

현실과의 불화는 시인의 중요한 조건 가운데 하나이다. 정신적으로 높은 곳을 지향하면서 살아가는 시인이 속악한 현실과 타협할 수는 없기 때문이다. 앞의 시는 명품거리에서의 불꽃놀이를 배경으로 하고 있다. "불꽃"과 같이 화려한 명품거리는 경박스러운 욕망의 공간으로서 인간적 진정성이 사라진 비정한 장소이다. 그곳은 자신의 상업적 욕망을 채우려는 장사치들인 "불꽃의 제왕들"은 명품에 대한 과도한 의미를 부여하면서 사람들의 소비 욕망을 자극하는 장소인 것이다. 그곳을 배회하는 사람들, "뤼이비똥, 구찌 페라가모"와 같은 "브랜드에 빠져 있는 고객들"은, 삶의 진상眞相을 외면하고 "허상"에 빠져 살아가는 현대인을 제유한다. 정신이나 영혼의 초라함을 명품의 화려함으로 은폐하려는 사람들의 모습은 인간적이기보다는 동물적이거나 물질적이라고 보지 않을 수 없다. 따라서 이 시는 인간적 진실과 함께 하는 실속 있는 삶을 외면하고 물질적 욕망에 사로잡힌 현대인을 비판하고 있는 것이다.

뒤의 시는 정치 현실에 대한 강고한 비판의식을 드러낸다. 이 시에서 비판의 대상은 "4년마다 한 번씩 나타나는/ 위험한 짐승 티렉스"이다. 이 시에서 "티렉스"가 속된 욕망과 부정한 권력의 표상으로서, 4년 임기의 국회의원을 뜻한다는 사실을 눈치 채는 것은 어렵지 않다. 국회의원이 우리 사회에서 다른 어떤 사람들보다도 가장 많은 불신을 받는 부류라는 점은 공공연한 사실이다. 선거철만 되면 국민의 공복으로서 희생과 청렴을 외치고 다니면서 한 표를 부탁하지만, 일단 당선만 되고 나면 국리민복은 관심 밖에 던져놓고 개인의 이익과 권력을 추구한다. 이러한 국회의원의 양태를 제3백악기에 출현했던 공룡인 "티렉스"에 비유한 것이다. "티렉스"는 파충류의 제왕 혹은 최강의 포식자라는 별명으로 불릴 정도로 공룡 중에서도 가장 흉폭한 것으로 유명하다. 시의 화자가 보기에 여의도 국회의사당을 지키는 300명의 국회의원이 그렇다. "영혼"은 없이 "먹거리 챙기는 일은 전광석화와 같"은 존재들이다. 하여 국회의원들이 자신의 이익을 위해 마구잡이로 부정과 비리를 저지르는 양태를 "300마리가 세상을 어지럽히지"라고 표현한 것이다.

류현 시인의 부정한 현실에 대한 비판의 목소리는 어떤 저항시인 못지않은 강고한 수준을 유지하곤 한다. 많은 시에서 보이는 잔잔하고 서정적인 목소리와 비교하면 그 진폭이 상당히 큰 편이다. 특히 「있다, 없다 -사초史草」, 「긴급입찰공고」, 「양말산 까마귀들」, 「명함」, 「저 파당들」, 「허수아비들」 등이 그러하다. 이 시편들은 우리나라 사람들이 지니고 있는 정치인들에 대한 불신을 대변한다. 아리스토텔레스가 『정치학』에서 일찍이 간파했듯이 정치라는 것은 타자와 어울리는 데서 행복을 느끼는 사회적 동물로서의 인간이 지닌 기본 조건이다. 그런데 인간을 행복하게 하는 정치는 개인의 탐욕을 앞세우는 것이 아니라 개인적 존재로서의 한계나 각종의 사회적 문제를 함께 해결하는 과정에서 나오는 것이다. 류현 시인이 보기에 우리나라 국회의원들은 그러한 정치의 속성을 모르는 사람들이다. 정치의 근본을 모르는 사람들이 정치를 하니까 나라가 시끄러워지고 개개인은 행복해질 수가 없다고 보는 것이다. 이는 오늘의 정치에 대한 강고한 비판 정신과 예리한 통찰의 결과가 아닐 수 없다.

3.

오늘의 삭막한 사회 현실을 극복해 나갈 수 있는 방법은 무엇인가? 속악한 사회 현실에 대한 비판 정신이 더욱 설득력을 발휘하기 위해서는 대안과 전망이 필요하다. 대안이 없는 비판 정신은 편견에 사로잡힌 사람이 대책 없이 퍼붓는 비난의 수사에 그칠 가능성이 높기 때문이다. 이 시집은 그러한 기우를 벗어나 있다고 할 수 있을 터, 부정적 현실에 대한 비판을 넘어 그 대안까지를 말해주고 있다. 그 대안으로 제시한 것이 "곡선"과 "틈새"로 표상되는 생명의 세계이다.

곡선은 신이 선물한 선
아득한 수평선과 지평선도 직선 같은 곡선
자전과 공전도 둥글둥글 돌아가는 것

곡선은 지구촌 건각들을 모아
한바탕 축제를 벌이게도 하지

때로는
사랑의 굴렁쇠를 만들어 사랑을 굴리기도
성화같은 사랑의 불길
가슴에 활활 타오르기도 하지

…(중략)…

선과 선이 만나 깍지를 끼고
바람을 지워 가는
우리들의 삶은 곡선이지
—「곡선」 부분

누구나 가지고 있는 허점이면서
아름다움일 수도 있지

마음의 틈새를 가진 사람만이
틈사이로 사랑을 낳고

사랑을 키울 수 있지

칼에서 베인 상처의 자리
그 자리에 새살이 돋아 오르듯
삶의 새 생명들이 나오기도 하지

새로운 삶을 발견케도 하고
광활한 우주가
살아 숨 쉬는 곳이기도 하지
—「틈새」 부분

이 시는 "곡선"의 다양한 의미를 형상화하고 있다. 즉 "곡선"의 종교적, 우주적, 지구적, 정신적 의미를 노래하고 있다. 먼저 "곡선은 신이 선물한 선"이라고 하여 "곡선"이 인간에게 주어진 선물이라는 점을 말하고 있다. 또 "수평선"의 거대한 곡선형이라든가 "자연과 공전"의 곡선형 궤도를 통해 지구의 우주적 의미를 드러내고 있다. 뿐만 아니라 곡선은 "지구촌 건각들을 모아/ 한바탕 축제를 벌이게" 하는 역할도 수행하게 한다. 이것은 올림픽의 오륜기도 지구의 모든 대륙을 상징하는 곡선(원)의 중첩으로 이루어져 있다는 점을 상기한 것이다. 곡선은 또한 인간의 마음 깊이 자리 잡고 있는 "사랑"을 표상하기도 한다. "곡선"은 자연과 인간이 어우러지는 사랑의 표상으로 보는 것이다. 그리하여 결국 "우리들의 삶은 곡선"이라는 진리를 발견한다. 이 시는 이처럼 "곡선"이 지니는 평화와 생명의 상징적 의미를 다양한 차원에서 노래하고 있다. 더구나 삶의 과정이나 여유보다는 가장 빨리 결론과 성과를 얻어야만 직선 사회에 대한 대안을 제시하고 있다는 점에서 주목에 값한다.

"곡선"과 유사한 의미를 띠는 시적 상징으로 "틈새" 혹은 "사이"도 중요한 의미를 지닌다. 인용시의 앞에서 "틈새"는 "누구나 가지고 있는 허점이면서/ 아름다움"이라고 정의된다. 그러나 시상의 전체적인 흐름은 그 "허점"보다는 "아름다움" 쪽에 무게 중심을 두고 있다. 그 아름다움의 구체적 내용은 사랑, 생명, 우주 등속인데, 먼저 "마음의 틈새를 가진 사람"과 "사랑"을 가질 수 있다는 시구가 흥미롭다. 사랑이라는 것은 자아의 틈을 벌려 타자를 받아들이는 일일 터, 당연히 아집과 이기에 사로잡혀 마음의 틈이 없는 사람은 사랑을 할 수가 없다. "새 생명들" 역시 마찬가지다. 하나의 생명이 태어나기 위한 조건의 하나로 틈새로서의 "상처의 자리"를 필요로 한다. 상처의 사이를 비집고 올라오는 새살과 같이, 흙의 틈새를 밀고 올라오는 새싹과 같이 모든 생명들은 "틈새"를 필요로 한다. 그 생명들이 모여 "새로운 삶" 혹은 "광활한 우주"가 탄생하는 것이니까 "틈새"는 생명과 우주가 존재하는 근원적 토대가 되는 셈이다. 다른 시에서 "사이의 틈은/ 무엇인가 존재하는 것"(「사이」 부분)이라는 통찰도 이와 다르지 않다.

각박한 현실을 살아가면서 "곡선"과 "틈새"를 발견하는 일은 인생을 풍요롭게 하기 위한 필요조건이다. 문제는 그것을 어떻게 발견하는가 하는 점이다. "곡선"이나 "틈새"를 자신의 정신 영역으로 수용을 하고 그것을 토대로 아름다운 인생을 살아가는 일을 위해서는 어떤 매개가 필요한 것이다. 그것은 정치나 경제 영역이 아니라 문화나 예술 영역에서 찾을 수 있을 터, 류현 시인은 그것을 시에서 찾고자 한다. 그에게 시는 "곡선"이나 "틈새"와 같은 것으로서 인생을 깊이 성찰하여 새로운 생명과 우주를 발견하는 통로이다.

까맣게 잊고 살아 왔던
60년 전 짝사랑했던 여인이
갑자기 생각나기도 하고

10년 전 돌아가신 어머니와
고추밭 콩밭 매던 생각
이렇듯 문득 문득 떠오르는 옛 생각들

국어사전에는 "문득"을
"갑자기 떠오르는 모양"이라 풀어 놓았지만
글월문文 얻을 득得 자의 단어는 사전에서
찾을 수 없네

나는 문득文得하기를 바라면서
늦깎기 일흔 하나에
시문학에 입문했지

시문학이 일상 잡념 생각나듯
문득 문득 그렇게 쓰여서
문득文得할 수 있다면 얼마나 좋을까만

— 「문득文得」 부분

이 시는 "문득"이라는 시어를 중의적으로 사용하여 시적 효과를 얻고 있다. "문득"이 이 시에서는 소리꾼들의 득음得音을 떠올리게 한다. 그와 비슷하게 "문득"은 '시의 높은 경지에 도달하는 것'이라는 의미로 쓰이고 있지만, 문맥의 흐름으로 보면 원래의 사전적 의미도 함께 내포하고 있다. 즉 "나"는 한 시인으로서 시를 향한 노력과 열정을 다하면서, 어느 순간에 '갑자기' "문득文得"의 경지에 오르고 싶다고 하는 것이다. 그리고 "문득"을 생각하니 "60년 전 짝사랑했던 여인"이나 "10년 전 돌아가신 어머니와/ 고추밭 콩밭 매던 생각"을 떠오르는 것은 아주 자연스러운 일이다. 현재의 시간과 현실의 생활에 얽매여 살던 "나"는 비로소 과거의 기억들을 통해 마음의 틈새를 얻었기 때문이다. 이때 과거의 일들을 떠올리는 일은 단지 노년의 여유나 회고를 위한 것만이 아니다. 그것은 현재의 삶을 정서적으로 풍요롭게 하여 시상을 떠올리게 하는 매개가 된다. 어쩌면 "늦깍기 일흔 하나에/ 시문학에 입문했"다는 사실이 기억이나 경험의 풍부함으로 인해 "문득"을 하는 데 도움이 될 수도 있다. 피카소나 괴테가 일흔 이후에도 불멸의 작품을 만드는 데 성공을 했듯이, 일흔이라는 나이는 그 생물학적 숫자가 문제가 아니라 그 열정과 절실함일 터이다.

"문득"은 반드시 문학이나 시의 높은 경지에 도달하는 것만을 의미하지는 않는다. 그것은 예술적으로 높은 경지에 이르는 것을 제유하는 것으로도 읽을 수 있다. 사실 시나 그림이나 음악이나 춤이나 그 예술적 경지는 유사하다. 다만 그 표현 수단이 언어, 색채, 소리, 동작 등으로 다를 뿐이지 그 추구하는 예술적 경지는 조금도 다르지 않다. 아래의 시는 시인이 추구하는 "득음"의 경지는 과연 어떠한 세계인지를 보여주고 있다.

큰 벼루에
묵향 그윽한 먹을 간다

먹물이 붓에 휘어 감기니
붓은 낚싯대가 되어
벼루 강에서 춤을 춘다

먹물이 출렁이면
낚싯대는 재빨리 잉어 한 마리를
화선지 어망에 담는다

낚싯대에서 잡아 올린 잉어는
화선지에서 팔딱팔딱
튀어 오른다

먹물은 화선지 위의 공간에서
튀어 다니며 도도한 물결 만드니
산중의 목어도 내려와 춤을 춘다
—「묵향을 치다」 부분

이 시는 동양화를 그리는 과정을 형상화하고 있다. 그림 그리는 과정을 낚시에 비유하면서 특이한 상상력을 펼치고 있다. "붓"을

"낚싯대"에, "벼루"를 강에, "먹물"을 강물에, "화선지"를 "어망"에 각각 비유하고 있다. "붓"을 들어 "잉어"를 그리는 화가를 한 마리의 잉어를 낚는 낚시꾼으로 형상화하고 있는 것이다. 이는 마치 솔거의 소나무 그림에 새들이 날아왔다는 전설에서와 마찬가지로, "잉어" 그림이 마치 "낚싯대에서 잡아올린 잉어"처럼 생동감 넘치는 핍진성逼眞性 을 확보하고 있는 것이다. 하여 화자는 "산중 목어도 내려와 춤을 춘다"는 상상마저 가능해진다. 실제의 사물과 구별할 수 없을 정도의 형상을 그리는 이 화가는 그야말로 득음 혹은 '문득'의 경지에 오른 것이라 하겠다. 무정물에 속하는 사물과 현상을 살아있는 유정물로 활성화시키면서 흥미로운 시상을 펼치고 있다. 이것은 류현 시인이 "서정시"를 통해서 "무고집멸도無苦集滅道"(「희수喜壽 부분)—(空의 세계에는) 고통도 없고, 고통의 원인도 없고, 그 원인의 소멸도 없고, 그 소멸에 이르는 길도 없다—에 이르고자 하는 소망과 크게 다르지 않다.

4.

이렇듯, 류현 시인이 시를 쓰는 이유는 속악한 세상을 비판, 극복하고 대안적 삶을 추구하기 위한 삶을 살아가기 위한 것이다. 그는 "험난한 세상에 늦게 시문학공부를 시작하여/ 겨우겨우 힘들게 서정시 80수를 얻었네/ 처음 뜻한 마음으로 험난한 세상을 극복했구나"(「望 喜壽」 부분)라고 노래한다. 이 시집은 그 극복의 과정과 열정을 고스란히 담고 있는 인생 역정의 기록이다. 이 승화된 기록 이후에 시인은 다시 아름답고 순수한 세상을 발견한다. 아름다운 마음으로 세상을 보면 아름다운 풍경이 펼쳐진다. 시인은 "절 마당에 서 있는 감나무/ 붉은 연등이/ 주렁주렁 달려 있"으니 "주지 스님 얼굴도/ 연등처럼 환해진다"(「홍시」 부분)는 풍경이 눈에 살갑다. 이는 험난한 세상을 열정적으로 살아온 순수한 영혼만이 발견할 수 있는 풍경이다. 이런 경지에 오르면 시인의 얼굴도 부처님의 얼굴이나 "주지 스님 얼굴"처럼 환해질 것이다. 시를 통해 이런 경지에 이른 시인의 눈에는 세상 모든 것들이 아름다운 희망과 생명으로 약동한다.

물안개 자욱한
아침의 정적을 깨고
새들이 푸드득 날아오른다.

그 사이로 보일 듯 말 듯
시간의 흐름에 따라
변하는 색다른 아침 풍경들

하루도 쉬지 않고
주변의 변화에 맞추어
살아 있는 한 폭의 수채화를 그려내지

한강의 아침 얼굴은
멋쟁이 화가
—「한강의 아침」 부분

이 아름다운 풍경은 어디에서 왔는가? 사실 한강의 풍경이 현실적인 차원에서 그렇게 아름답기만 한 것은 아니다. '한강'은 1,000만 시민들의 생명줄 역할을 하지만, 정서적으로는 오히려 시민들의 절망감과 고독감을 부추기는 곳이기도 하다. 때에 따라서는 심각한 오염이나 홍수로 사람들을 괴롭히기도 한다. 하여 한강을 바라보면서 아름다움을 발견한다는 것은 쉬운 일이 아닐 터인데, 이 시의 화자는 어떤 연유로 인하여 이토록 아름답게 바라볼 수 있었을까? 그 비밀은 바로 시의 발견이 있다. 류현 시인에게 시는 사람들이 잊고 지내는 세상과 삶, 그리고 마음의 아름다움을 발견하게 해주는 소중한 존재이다. 그 발견이 더욱 유의미한 것은 현실의 삭막함이나 비정함에 대한 비판을 거쳐서 도달한 것이기 때문이다. 요컨대 이 시집을 가로지르는 시의 왈츠는, 삭막한 현실과 고독한 인생을 승화시켜 마침내 삶의 불꽃을 피워 올리는 역할을 한 셈이다. 이것이 바로 이 시집의 주인이 보여준 시의 힘, 시 쓰기의 아름다운 힘이다.

류 현 시집

봄의 왈츠

발 행 2016년 5월 30일
지은이 류현
펴낸이 반송림
편집디자인 김지호
펴낸곳 도서출판 지혜
계간시전문지 애지
기획위원 반경환 이형권 황정산
주 소 34624 대전광역시 동구 선화로 203-1 2층 도서출판 지혜 (삼성동)
전 화 042-625-1140
팩 스 042-627-1140
전자우편 ejisarang@hanmail.net
애지카페 cafe.daum.net/ejiliterature

ISBN : 979-11-5728-185-5 03810
값 10,000원

류 현

류현Hyun-Ryu(본명 柳明鉉) 시인은 경북 칠곡에서 태어났고, 국민대학 경영학과, 경원대학(현 가천대학)전자공학과(2004년), 동국대학교 대학원(재무행정학 전공)을 졸업했으며, 2015년『애지』로 등단했다. 류현 시인은 1971년 예비군포장(대통령), 1981년 대통령표창(대통령), 1986년 근정포장(대통령), 1997년 홍조근정훈장(대통령) 등을 받은 바가 있으며, 주요경력으로는 산업통상자원부, 88서울올림픽 조직위 구매계약과장, 산업통상자원부 과장, 특허청 과장, 국장, 특허심판원 심판장 역임을 역임했으며, 현재 유리안 국제특허법률 사무소의 대표변리사로서 활동하고 있다. 류현 시인의『봄의 왈츠』는 첫 번째 시집이며, 시인으로서의 그의 존재의 역사와 그 득음得音의 경지가 담겨있다. 말과 함께 숨 쉬고 말과 함께 춤춘다. 요컨대『봄의 왈츠』라는 시집 속에서 우리 인간들의 행복이 울려 퍼지고 있는 것이다.

이메일 : poethryu@naver.com